Juan Ramón Jiménez

Las mejores poesías
de los mejores poetas

Diseño, maquetación e impresión:
Gráficas MAXTOR
Fray Luis de León, 20
47002 Valladolid
Tel.: 983 090 110
pedidos@maxtor.es
www.maxtor.es

I.S.B.N. : 978-84-1171-069-5

Depósito Legal : DL VA 320-2024

JUAN RAMÓN JIMÉNEZ

Juan Ramón Jiménez nació en 1881 en un pueblo llamado Moguer, municipio español de la provincia de Huelva, en Andalucía. Después de estudiar en Huelva durante su infancia, en 1896 se muda a Sevilla para ser pintor, pensando que esa era su vocación. Comienza a asistir a reuniones literarias en El Ateneo de Sevilla, y empieza a escribir algunas prosas y poemas. También colabora para algunos periódicos y revistas en Sevilla y Huelva. Empujado por su padre, intentó estudiar Derecho en la Universidad de Sevilla, pero se retiró en 1899.

En 1900, Juan Ramón Jiménez se muda a Madrid y publica sus dos primeros textos: «Ninfeas» y «Almas de violeta». La muerte de su padre y la grave situación económica de su familia lo deprimen, y en 1901 ingresó en un sanatorio de Burdeos. De vuelta en Madrid, permanece en el Sanatorio del Rosario, donde comienza a escribir una serie de poemas eróticos, muchos de los cuales involucran a las monjas que trabajaban en el Sanatorio del Rosario.

En 1905 regresa a su ciudad natal en Andalucía para ayudar a su familia después de la muerte de su padre. Seis años después, en 1911, regresa a Madrid, donde en 1913 conoce y se enamora de Zenobia Camprubí Aymar. Viaja a París y Estados Unidos varias veces, donde se casa con Zenobia en 1916. Este evento y su redescubrimiento del mar marcan sus obras, y escribe «Diario de un poeta recién casado». Este es el libro que señala el cambio de su período sensible a su período intelectual. A partir de este momento, Juan Ramón Jiménez escribe una poesía muy intelectual, y en 1918 dirige movimientos para renovar la poesía, lo que tendría una gran influencia en la generación del 27.

A partir de 1931, Zenobia comienza a sentir los síntomas del cáncer que luego le quitarían la vida. Juan Ramón Jiménez se vio obligado a abandonar España en 1936, debido al estallido de la Guerra Civil española. Se muda a Washington, y este momento marca un período importante en su vida, ya que era el momento en que su escritura cambió de un estilo intelectual a un estilo verdadero.

En 1946, el escritor está hospitalizado durante 8 meses después de otro colapso debido a su depresión, y en 1950 regresa a Puerto Rico, donde consigue un trabajo como profesor en la Universidad de Puerto Rico. Después de esto, se convierte en profesor en la Universidad de Maryland, donde dio clases de lengua y literatura españolas. Muchos años después, la Universidad nombró un edificio y un programa de escritura después de él. También durante este periodo, enseñó en la Universidad de Miami en Coral Gables. Fue aquí donde Juan Ramón Jiménez escribió «Romances de Coral Gales». En 1956, la Academia Sueca galardona con el Premio Nobel de Literatura en reconocimiento a toda su obra literaria, y especialmente por su libro «Platero y Yo».

Su esposa muere tres días después, y Juan Ramón Jiménez nunca se recuperaría de eso. Murió en 1958 en el mismo hospital que su esposa y sus restos fueron trasladados a España donde fueron enterrados.

Juan Ramón Jiménez es considerado uno de los mejores poetas españoles del siglo XX.

QUISIERA QUE MI LIBRO

Quisiera que mi libro
fuese, como es el cielo por la noche,
todo verdad presente, sin historia.

Que, como él, se diera en cada instante,
todo, con todas sus estrellas; sin
que niñez, juventud, vejez quitaran
ni pusieran encanto a su hermosura inmensa.

¡Temblor, relumbre, música
presentes y totales!
¡Temblor, relumbre, música en la frente
—cielo del corazón— del libro puro.

YO ME MORIRÉ, Y LA NOCHE

Yo me moriré, y la noche
triste, serena y callada,
dormirá el mundo a los rayos
de su luna solitaria.

Mi cuerpo estará amarillo,
y por la abierta ventana
entrará una brisa fresca
preguntando por mi alma.

No sé si habrá quien solloce
cerca de mi negra caja,
o quien me dé un largo beso
entre caricias y lágrimas.

Pero habrá estrellas y flores
y suspiros y fragancias,
y amor en las avenidas
a la sombra de las ramas.

Y sonará ese piano
como en esta noche plácida,
y no tendrá quien lo escuche
sollozando en la ventana.

OH CIPRÉS VERDINEGRO; EL ROSAL TE ENGALANA

Oh ciprés verdinegro; el rosal te engalana
y la rosa parece la luz de tu tristeza;
en tu dolor, ¡qué suave es la seda temprana,
qué guirnalda de vida en qué augusta nobleza!

En medio del jardín desolado y agreste
que pone al valle yermo su oasis de poesía,
eres como mi amor, sobre campo celeste;
la rosa es su belleza, tú mi melancolía.

¡Ella te da su gracia, tú le prestas su anhelo;
tú de ella te embalsamas, de ti ella se hace
negra…,
con qué pasión mezcláis consuelo y desconsuelo!,
tú haces triste la rosa y la rosa te alegra.

EL VIAJE DEFINITIVO

Y yo me iré. Y se quedarán los pájaros
cantando;
y se quedará mi huerto, con su verde árbol,
y con su pozo blanco.

Todas las tardes, el cielo será azul y plácido;
y tocarán, como esta tarde están tocando,
las campanas del campanario.

Se morirán aquellos que me amaron
y el pueblo se hará nuevo cada año;
y en el rincón aquel de mi huerto florido y
encalado, mi espíritu errará, nostáljico…

Y yo me iré; y estaré solo, sin hogar, sin árbol
verde, sin pozo blanco,
sin cielo azul y plácido…
Y se quedarán los pájaros cantando.

ADOLESCENCIA

En el balcón, un instante
nos quedamos los dos solos.
Desde la dulce mañana
de aquel día, éramos novios.

—El paisaje soñoliento
dormía sus vagos tonos,
bajo el cielo gris y rosa
del crepúsculo de otoño—.

Le dije que iba a besarla;
bajó, serena, los ojos
y me ofreció sus mejillas,
como quien pierde un tesoro.

—Caían las hojas muertas,
en el jardín silencioso,
y en el aire erraba aún
un perfume de heliotropos—.

No se atrevía a mirarme;
le dije que éramos novios,
…y las lágrimas rodaron
de sus ojos melancólicos.

BAJO AL JARDÍN

Bajo al jardín. ¡Son mujeres!
¡Espera, espera…! Mi amor
coje un brazo. ¡Ven! ¿Quién eres?
¡Y miro que es una flor!

¡Por la fuente; sí, son ellas!
¡Espera, espera, mujer!
…Cojo el agua. ¡Son estrellas,
que no se pueden cojer!

¿CÓMO?

¿Cómo pondré en la hora
tu vago sentimiento?

¡Hacia la aurora! ¡Más!
¡Hacia el ocaso! ¡Menos!

Siempre le falta un poco…
Le sobra siempre un dedo…

—Tu reír suena, fino,
muy cerca… desde lejos—.

¿QUIÉN ANDA POR EL CAMINO…?

¿Quién anda por el camino
esta noche, jardinero?
—No hay nadie por el camino…
—Será un pájaro agorero.

Un mochuelo, una corneja,
dos ojos de campanario…
—Es el agua, que se aleja
por el camino solitario…

—No es el agua, jardinero,
no es el agua… Por mi suerte,
que es el agua, caballero.
—Será el agua de la muerte.

Jardinero, ¿no has oído
cómo llaman al balcón?
—Caballero, es el latido
que da vuestro corazón.

—¡Cuándo abrirá la mañana
sus rosadas alegrías!
¡Cuándo dirá la campana
buenos días, buenos días!

FRANCINA ES BLANCA Y DULCE

Francina es blanca y dulce, como una rosa blanca
que tuviera el azul en las perlas del agua,
como una violeta blanca que aún recordara
haber vivido en medio de violetas moradas…

Cuando camina cabe los lirios amarillos,
su sexo, entre las flores pomposas escondido,
parece un lirio de oro, un suave y fino lirio
de oro, con irisaciones de infinito…

¡Oh, sus pies —nieve, mármol—, por las ocultas sendas
que se van, vagamente, perdidas en la yerba;
oh, sus pechos, sus hombros, su rejia cabellera,
sus manos, que acarician la primavera que entra!

SOY YO QUIEN ANDA ESTA NOCHE

Soy yo quien anda esta noche
por mi cuarto, o el mendigo
que rondaba mi jardín
al caer la tarde…? Miro

en torno y hallo que todo
es lo mismo y no es lo mismo…
la ventana estaba abierta?
yo no me había dormido?

El jardín no estaba blanco
de luna…? El cielo era limpio
y azul… Y hay nubes y viento
y el jardín está sombrío…

Creo que mi barba era
negra… yo estaba vestido
de gris… y mi barba es blanca
y estoy enlutado… ¿Es mío

este andar? tiene esta voz
que ahora suena en mí, los ritmos
de la voz que yo tenía?
Soy yo…? o soy el mendigo

que rondaba mi jardín
al caer la tarde…? Miro
en torno… Hay nubes y viento…
El jardín está sombrío…

… Y voy y vengo… Es que yo
no me había ya dormido?
Mi barba está blanca… Y todo
es lo mismo y no es lo mismo…

¡GRANADOS EN CIELO AZUL!

¡Granados en cielo azul!
¡Calle de los marineros;
qué verdes están tus árboles,
qué alegre tienes el cielo!

¡Viento ilusorio de mar!
¡Calle de los marineros
—ojo gris, mechón de oro,
rostro florido y moreno!—.

La mujer canta a la puerta:
«¡Vida de los marineros;
el hombre siempre en el mar,
y el corazón en el viento!».

—¡Virjen del Carmen, que estén
siempre en tus manos los remos;
que, bajo tus ojos, sean
dulce el mar y azul el cielo!—

… Por la tarde, brilla el aire;
el ocaso está de ensueños;
es un oro de nostaljia,
de llanto y de pensamiento.

—¡Como si el viento trajera
el sinfín y, en su revuelto
afán, la pena mirara
y oyera a los que están lejos!

¡Viento ilusorio de mar!
¡Calle de los marineros
—la blusa azul, y la cinta
milagrera sobre el pecho!—.

¡Granados en cielo azul!
¡Calle de los marineros!
¡El hombre siempre en el mar,
y el corazón en el viento!

CREÍMOS QUE TODO ESTABA

Creímos que todo estaba
roto, perdido, manchado…
—Pero, dentro, sonreía
lo verdadero, esperando—.

¡Lágrimas rojas, calientes,
en los cristales helados!
—Pero, dentro, sonreía
lo verdadero, esperando—.

Se acababa el día negro,
revuelto en frío mojado…
—Pero, dentro, sonreía
lo verdadero, esperando.

MAÑANA DE LA CRUZ

Dios está azul. La flauta y el tambor
anuncian ya la cruz de primavera.
¡Vivan las rosas, las rosas del amor,
entre el verdor con sol de la pradera!

Vámonos al campo por romero,
vámonos, vámonos
por romero y por amor…

Le pregunté: «¿Me dejas que te quiera?»
Me respondió, radiante de pasión:
«Cuando florezca la cruz de primavera,
yo te querré con todo el corazón».

Vámonos al campo por romero,
vámonos, vámonos
por romero y por amor…

«Ya floreció la cruz de primavera.
¡Amor, la cruz, amor, ya floreció!»
Me respondió: «¿Tú quieres que te quiera?»
¡Y la mañana de luz me traspasó!

Vámonos al campo por romero,
vámonos, vámonos
por romero y por amor…

Alegran flauta y tambor nuestra bandera.
La mariposa está aquí con la ilusión…
¡Mi novia es la virgen de la era
y va a quererme con todo el corazón!

A UN POETA
(PARA UN LIBRO NO ESCRITO)

Creemos los nombres.

Derivarán los hombres.
Luego, derivarán las cosas.
Y sólo quedará el mundo de los nombres,
letra del amor de los hombres,
del olor de las rosas.

Del amor y las rosas,
no ha de quedar sino los nombres.
¡Creemos los nombres!

AL SONETO CON MI ALMA

Como en el ala el infinito vuelo,
cual en la flor está la esencia errante,
lo mismo que en la llama el caminante
fulgor, y en el azul el solo cielo;

como en la melodía está el consuelo,
y el frescor en el chorro, penetrante,
y la riqueza noble en el diamante,
así en mi carne está el total anhelo.

En ti, soneto, forma, esta ansia pura
copia, como en un agua remansada,
todas sus inmortales maravillas.

La claridad sin fin de su hermosura
es, cual cielo de fuente, ilimitada
en la limitación de tus orillas.

A MI ALMA

Siempre tienes la rama preparada
para la rosa justa; andas alerta
siempre, el oído cálido en la puerta
de tu cuerpo, a la flecha inesperada.

Una onda no pasa de la nada,
que no se lleve de tu sombra abierta
la luz mejor. De noche, estás despierta
en tu estrella, a la vida desvelada.

Signo indeleble pones en las cosas.
luego, tornada gloria de las cumbres,
revivirás en todo lo que sellas.

Tu rosa será norma de las rosas;
tu oír, de la armonía; de las lumbres
tu pensar; tu velar, de las estrellas.

RETORNO FUGAZ

¿Cómo era, Dios mío, cómo era?
—¡Oh corazón falaz, mente indecisa!—
¿Era como el pasaje de la brisa?
¿Como la huida de la primavera?

Tan leve, tan voluble, tan lijera
cual estival vilano… ¡Sí! Imprecisa
como sonrisa que se pierde en risa…
¡Vana en el aire, igual que una bandera!

¡Bandera, sonreír, vilano, alada
primavera de junio, brisa pura…!
¡Qué loco fue tu carnaval, qué triste!

Todo tu cambiar trocose en nada
—¡memoria, ciega abeja de amargura!—
¡No sé cómo eras, yo que sé que fuiste!

SÉ BIEN QUE SOY TRONCO

Sé bien que soy tronco
del árbol de lo eterno.
Sé bien que las estrellas
con mi sangre alimento.

Que son pájaros míos
todos los claros sueños…
Sé bien que cuando el hacha
de la muerte me tale,
se vendrá abajo el firmamento.

¿NADA TODO?

¿Nada todo? Pues ¿y este gusto entero
de entrar bajo la tierra, terminado
igual que un libro bello?
¿Y esta delicia plena
de haberse desprendido de la vida,
como un fruto perfecto de su rama?
¿Y esta alegría sola
de haber dejado en lo invisible
la realidad completa del anhelo,
como un río que pasa hacia la mar,
su perenne escultura?

SUAVIDAD

¿Sostiene la hoja seca
a la luz que la encanta,
o la luz
a la hoja encantada?

SÉ QUE MI OBRA ES LO MISMO

Sé que mi Obra es lo mismo
que una pintura en el aire;
que quedará sólo de ella
—si arruinado en noes—
al gran silencio solar,
la ignorancia de la luna.
No, no; ella, un día, será
(borrada) existencia inmensa,
desveladora virtud,
que el vendaval de los tiempos
la borrará toda, como
si fuese perfume o música;
será como el antesol,
imposible norma bella;
sinfín de angustioso afán,
mina de escelso secreto…
¡Mortal flor mía inmortal
reina del aire de hoy!

LOS PÁJAROS DE YO SÉ DÓNDE

Toda la noche,
los pájaros han estado
cantándome sus colores.

(No los colores
de sus alas matutinas
con el fresco de los soles.

No los colores
de sus pechos vespertinos
al rescoldo de los soles.

No los colores
de sus picos cotidianos
que se apagan por la noche,
como se apagan
los colores conocidos
de las hojas y las flores).

Otros colores,
el paraíso primero
que perdió del todo el hombre,
el paraíso
que las flores y los pájaros
inmensamente conocen.

Flores y pájaros
que van y vienen oliendo
volando por todo el orbe.

Otros colores,
el paraíso sin cambio
que el hombre en sueños recorre.

Toda la noche,
los pájaros han estado
cantándome los colores.

Otros colores
que tienen en su otro mundo
y que sacan por la noche.

Unos colores
que he visto bien despierto
y que están yo sé bien dónde.

Yo sé de dónde
los pájaros han venido
a cantarme por la noche.

Yo sé de dónde
pasando vientos y olas,
a cantarme mis colores.

NEGRA

Conmigo duermen mis penas
por la noche, fatigadas
de la lucha que en el día
sostuvieron con mi alma.
Mas ¡ay! que con el reposo
igual que yo, ellas descansan,
y con nueva y mayor furia,
al despuntar la alborada,
a mi alma triste despiertan
para ofrecerle batalla.

ÁRBOLES HOMBRES

Ayer tarde
volvía yo con las nubes
que entraban bajo rosales
(grande ternura redonda)
entre los troncos constantes.

La soledad era eterna
y el silencio inacabable.
Me detuve como un árbol
y oí hablar a los árboles.

El pájaro solo huía
de tan secreto paraje,
solo yo podía estar
entre las rosas finales.

Yo no quería volver
en mí, por miedo de darles
disgusto de árbol distinto
a los árboles iguales.

Los árboles se olvidaron
de mi forma de hombre errante,
y, con mi forma olvidada,
oía hablar a los árboles.

Me retardé hasta la estrella.
En vuelo de luz suave
fui saliéndome a la orilla,
con la luna ya en el aire.

Cuando yo ya me salía
vi a los árboles mirarme,
se daban cuenta de todo,
y me apenaba dejarles.

Y yo los oía hablar,
entre el nublado de nácares,
con blando rumor, de mí.
Y ¿cómo desengañarles?

¿Cómo decirles que no,
que yo era sólo el pasante,
que no me hablaran a mí?
No quería traicionarles.

Y ya muy tarde, muy tarde,
oí hablarme a los árboles.

EL VIENTO RINDE LAS RAMAS

El viento rinde las ramas
con los pájaros dormidos.
—Abre tres veces el faro
su ojo verde—. Calla el grillo.

¡Qué lejos, el huracán
pone, uno de otro, los sitios!
¡Qué difícil es lo fácil!
¡Qué cerrados los caminos!

Parece que se ha trocado
todo. Pero al claror íntimo
se ven arenas y flores,
donde ayer tarde las vimos.

LO QUE SIGUE

Cuando en la noche, el aire ve su fuente
oculta. Está la tarde limpia como
la eternidad.
La eternidad es solo
lo que sigue, lo igual; y comunica
por armonía y luz con lo terreno.

Entramos y salimos sonriendo,
llenos los ojos de totalidad,
de la tarde a la eternidad, alegres
de lo uno y lo otro. Y de seguir,
de entrar y de seguir.
Y de salir…

(Y en la frontera de las dos verdades
exaltando su última verdad,
el chopo de oro contra el pino verde,
síntesis del destino fiel, nos dice
qué bello al ir a ser es haber sido.)

TODAS LAS NUBES ARDEN

Todas las nubes arden
porque yo te he encontrado,
dios deseante y deseado;
antorchas altas cárdenas
(granas, azules, rojas, amarillas)
en alto grito de rumor de luz.

Del redondo horizonte vienen todas
de congregación fúlgida,
a abrazarse con vueltas de esperanza
a mi fe respondida.

(Mar desierto, con dios
en redonda conciencia
que me habla y me canta,
que me confía y me asegura;
por ti yo paso en pie
alerta, en mí afirmado,
conforme con que mi viaje
es al hombre seguido, que me espera

en puerto de llegada permanente,
de encuentro repetido.)

Todas las nubes que existieron,
que existen y que existirán,
me rodean con signos de evidencia;
ellas son para mí
la afirmación alzada de este hondo
fondo de aire en que yo vivo;
el subir verdadero del subir,
el subir del hallazgo en lo alto profundo.

UNIVERSO

Tu cuerpo: celos del cielo.
Mi alma: celos del mar.
–Piensa mi alma otro cielo.
Tu cuerpo sueña otro mar–.

Soy animal de fondo

«En fondo de aire» (dije) «estoy»,
(dije) «soy animal de fondo de aire» (sobre tierra),
ahora sobre mar; pasado, como el aire, por un sol
que es carbón allá arriba, mi fuera, y me ilumina
con su carbón el ámbito segundo destinado.

Pero tú, dios, también estás en este fondo
y a esta luz ves, venida de otro astro;
tú estás y eres
lo grande y lo pequeño que yo soy,
en una proporción que es ésta mía,
infinita hacia un fondo
que es el pozo sagrado de mí mismo.

Y en este pozo estabas antes tú
con la flor, con la golondrina, el toro
y el agua; con la aurora
en un llegar carmín de vida renovada;
con el poniente, en un huir de oro de gloria.
En este pozo diario estabas tú conmigo,
conmigo niño, joven, mayor, y yo me ahogaba
sin saberte, me ahogaba sin pensar en ti.

Este pozo que era, sólo y nada más ni menos,
que el centro de la tierra y de su vida.

Y tú eras en el pozo májico el destino
de todos los destinos de la sensualidad hermosa
que sabe que el gozar en plenitud
de conciencia amadora,
es la virtud mayor que nos trasciende.

Lo eras para hacerme pensar que tú eras tú,
para hacerme sentir que yo era tú,
para hacerme gozar que tú eras yo,
para hacerme gritar que yo era yo
en el fondo de aire en donde estoy,
donde soy animal de fondo de aire,
con alas que no vuelan en el aire,
que vuelan en la luz de la conciencia
mayor que todo el sueño
de eternidades e infinitos
que están después, sin más que ahora yo, del aire.

ESTE DOLOR

Este dolor me lo he buscado yo;
¿Entre mis rosas, lo tendría? ¡No!

¡Ay! La costumbre lamentable de
buscar entre la sombra un por qué.
Era bella, era fresca, pero muy
distinta, por sus soles, de mí.
Y me llenó de sol y labios. ¡Ah!
y mi alma no puede olvidarla ya.

Este dolor me lo he buscado yo;
¿Entre mis rosas, lo tendría? ¡No!

FUERA

¡Ay, el aire yerto,
campana en el frío,
ojos en la escarcha!

En lo dentro, antes,
la casa era cuerpo
y el cuerpo era alma.

¡Ay, la blanca tierra,
el silencio, el humo
que al hogar levanta!

Ahora, caminando,
es el alma cuerpo,
la casa es el alma.

JUNTO AL POZO DEL CLAUSTRO
TE SUSPIRÉ MI AMOR

Junto al pozo del claustro te suspiré mi amor
con versos de San Juan de la Cruz. En los tejados
llenos de musgo y de verdín, libros de sol,
amándose también, gorgojeaban los pájaros…

La yerba alta te llegaba —¡qué fragancia
al andar tú!— hasta las glorias de tu rosario
y entre el verdor con oro y entre las flores dulces
como una campanilla se entreabría tu mano.

¡Mano que castigó el beso que te di
entre el rubor ardiente de tu rostro romántico,
que fue camino de tu boca altiva,
agridulce —¿te acuerdas?— lo mismo que los pám-
panos!

LA FIESTA

Todos los días yo soy
yo. Pero ¡qué pocos días
soy yo!

Todos los días el cielo
vive en mis ojos. Mas ¿cuándo
es dios?

Todos los días me hablas.
Y ¡qué pocas veces oigo
tu voz!

NOSTALGIA

Al fin nos hallaremos. Las temblorosas manos
apretarán, suaves, la dicha conseguida,
por un sendero solo, muy lejos de los vanos
cuidados que ahora inquietan la fe de nuestra vida.

Las ramas de los sauces mojados y amarillos
nos rozarán las frentes. En la arena perlada,
verbenas llenas de agua, de cálices sencillos,
ornarán la indolente paz de nuestra pisada.

Mi brazo rodeará tu mimosa cintura,
tú dejarás caer en mi hombro tu cabeza,
¡y el ideal vendrá entre la tarde pura,
a envolver nuestro amor en su eterna belleza!

OTOÑO

Esparce octubre, al blando movimiento
del sur, las hojas áureas y las rojas,
y, en la caída clara de sus hojas,
se lleva al infinito el pensamiento.

Qué noble paz en este alejamiento
de todo; oh prado bello que deshojas
tus flores; oh agua fría ya, que mojas
con tu cristal estremecido el viento!

¡Encantamiento de oro! Cárcel pura,
en que el cuerpo, hecho alma, se enternece,
echado en el verdor de una colina!

En una decadencia de hermosura,
la vida se desnuda, y resplandece
la excelsitud de su verdad divina.

ROSAS MUSTIAS DE CADA DÍA

Todas la rosas blancas de la luna caían,
por la ventana abierta, en el cuerpo desnudo…
Mirando aquellas carnes blandas que florecían,
hundido entre mis sueños, yo estaba absorto y
mudo.

¡Oh su sexo con luna! ¡Esencia indefinible
de su sexo con luna! Hervían los blancores
de la carne, y el rostro, perdido en lo invisible
de la penumbra, lánguido, cerraba sus colores.

Era el enervamiento del dolor… Y cual una
rosa de treinta años, opulenta y desierta,
el cuerpo blanco se elevaba hacia la luna
frío, espectral, azul, como una pompa muerta…

MURO CON ROSA

Sin ti ¿qué seré yo? Tapia sin rosa,
¿qué es la primavera? ¡Ardiente, duro
amor; arraiga, firme, en este muro
de mi carne comida y ruinosa!

Nutriré tu fragancia misteriosa
con el raudal de mi recuerdo oscuro
y mi última sangre será el puro
primer color de tu ascensión gloriosa.

¡Sí, ven a mí, agarra y desordena
la profesión injenua de tus ramas
por la negra oquedad de mis dolores!

Y que al citarme abril, en la cadena
me encuentre preso de sus verdes llamas
todo cubierto de tus frescas flores.

MADRE

Te digo al llegar, madre,
que tú eres como el mar; que aunque las olas
de tus años se cambien y te muden,
siempre es igual tu sitio
al paso de mi alma.

No es preciso medida
ni cálculo para el conocimiento
de ese cielo de tu alma;
el color, hora eterna,
la luz de tu poniente,
te señalan, ¡oh madre! entre las olas
conocida y eterna su mudanza.

Canción de invierno

Cantan. Cantan.
¿Dónde cantan los pájaros que cantan?

Ha llovido. Aún las ramas
están sin hojas nuevas. Cantan. Cantan
los pájaros. ¿En dónde cantan
los pájaros que cantan?

No tengo pájaros en jaulas.
No hay niños que los vendan. Cantan.
El valle está muy lejos. Nada…

Yo no sé dónde cantan
los pájaros —cantan, cantan—
los pájaros que cantan.

CONVALECENCIA

Sólo tú me acompañas, sol amigo.
Como un perro de luz, lames mi lecho blanco;
y yo pierdo mi mano por tu pelo de oro,
caída de cansancio.

¡Qué de cosas que fueron
se van… más lejos todavía!
Callo y sonrío, igual que un niño,
dejándome lamer de ti, sol manso.

De pronto, sol, te yergues,
fiel guardián de mi fracaso,
y, en una algarabía ardiente y loca,
ladras a los fantasmas vanos
que, mudas sombras, me amenazan
desde el desierto del ocaso.

ELLO

Existe; ¡yo lo he visto,
(y ello a mí)!
Su esbeltez negra y honda
surjía y resurjía
en la verdura blanca del relámpago,
como un árbol nocturno de ojos bellos,
fondo tras fondo de los fondos májicos.
Lo sentí en mí, lo mismo, vez tras vez,
que si el rayo me helara los sentidos
con su instantaneidad.
¡Lo he visto, lo he tenido!
¡me ha tenido, me ha visto!

IBA TOCANDO MI FLAUTA

Iba tocando mi flauta
a lo largo de la orilla;
y la orilla era un reguero
de amarillas margaritas.

El campo cristaleaba
tras el temblor de la brisa;
para escucharme mejor
el agua se detenía.

Notas van y notas vienen,
la tarde fragante y lírica
iba, a compás de mi música,
dorando sus fantasías,
y a mi alrededor volaba,
en el agua y en la brisa,
un enjambre doble de
mariposas amarillas.

La ladera era de miel,
de oro encendido la viña,
de oro vago el raso leve
del jaral de flores níveas;
allá donde el claro arroyo
da en el río, se entreabría
un ocaso de esplendores
sobre el agua vespertina…

Mi flauta con sol lloraba
a lo largo de la orilla;
atrás quedaba un reguero
de amarillas margaritas…

MI OASIS

Qué trasparente amor,
en la cálida tarde tranquila,
el del azul y yo.

Mi pena viene y va.
Mas la mira una estrella suave
y se pone a cantar.

YO NO SOY YO

Soy este
que va a mi lado sin yo verlo;
que, a veces, voy a ver,
y que, a veces, olvido.
El que calla, sereno, cuando hablo,
el que perdona, dulce, cuando odio,
el que pasea por donde no estoy,
el que quedará en pié cuando yo muera.

VINO, PRIMERO, PURA

Vino, primero, pura,
Vestida de inocencia.
Y la amé como un niño.

Luego se fue vistiendo
De no sé qué ropajes.
Y la fui odiando, sin saberlo.

Llegó a ser una reina,
Fastuosa de tesoros…
¡Qué iracundia de yel y sin sentido!

…Mas se fue desnudando.
Y yo le sonreía.

Se quedó con la túnica
De su inocencia antigua.
Creí de nuevo en ella.

Y se quitó la túnica,
Y apareció desnuda toda…
¡Oh pasión de mi vida, poesía
desnuda, mía para siempre!

GIRALDA

Giralda, ¡qué bonita
me pareces, Giralda —igual que ella,
alegre, fina y rubia—,
mirada por mis ojos negros —como ella—,
apasionadamente!

¡Inefable Giralda,
Gracia e intelijencia, tallo libre
—¡oh, palmera de luz!,
¡parece que se mece, el viento, el cielo!—
Del cielo inmenso, el cielo
Que sobre ti —sobre ella— tiene,
Fronda inefable, el paraíso!

LA NEGRA Y LA ROSA

La negra va dormida, con una rosa blanca en la mano.

—La rosa y el sueño apartan, en una superposición mágica, todo el triste atavío de la muchacha: las medias rosas caladas, la blusa verde y transparente, el sombrero de paja de oro con amapolas moradas— . Indefensa con el sueño, se sonríe, la rosa blanca en la mano negra.

¡Cómo la lleva! Parece que va soñando con llevarla bien. Inconsciente, la cuida —con la seguridad de una sonámbula— y es su delicadeza como si esta mañana la hubiera dado ella a luz, como si ella se sintiera, en sueños, madre del alma de una rosa blanca. —A veces, se le rinde sobre el pecho, o sobre un hombro, la pobre cabeza de humo rizado, que irisa el sol cual si fuese de oro, pero la mano en que tiene la rosa mantiene su honor, abanderada de la primavera— .

Una realidad invisible anda por todo el subterrá-
neo, cuyo estrepitoso negror rechinante, sucio
y cálido, apenas se siente. Todos han dejado sus
periódicos, sus gomas y sus gritos; están absortos,
como en una pesadilla de cansancio y de triste-
za, en esta rosa blanca que la negra exalta y que
es como la conciencia del subterráneo. Y la rosa
emana, en el silencio atento, una delicada esencia
y eleva como una bella presencia inmaterial que
se va adueñando de todo, hasta que el hierro, el
carbón, los periódicos, todo, huele un punto a
rosa blanca, a primavera mejor, a eternidad…

COLOR

¡Color que, un momento, el humo
toma del sol que lo pasa;
vida mía, vida mía,
fugaz y coloreada!

LA FIESTA

Todos los días yo soy
yo. Pero ¡qué pocos días
soy yo!

Todos los días el cielo
vive en mis ojos. Mas ¿cuándo
es dios?

Todos los días me hablas.
Y ¡qué pocas veces oigo
tu voz!

MADRUGADA

El viento rinde las ramas
con los pájaros dormidos.
—Abre tres veces el faro
su ojo verde—. Calla el grillo.

¡Qué lejos, el huracán
pone, uno de otro, los sitios!
¡Qué difícil es lo fácil!
¡Qué cerrados los caminos!

Parece que se ha trocado
todo. Pero al clamor íntimo
se ven arenas y flores,
donde ayer tarde las vimos.

ES EL PUEBLO

Es el pueblo. Por encima
de los oscuros tejados,
verde, lloroso de grillos
y de esquilas, está el campo.

Es la hora del murciélago,
cuando el anjel toca el anjelus,
cuando vuelve el cavador,
con el azadón, cantando.

— Y es el grito de los niños,
y es el mujir del establo,
y es el tibio olor a hogar,
y el humo celeste y blanco—.

Y es la gran luna de oro,
que, en los pinares lejanos,
tiñe cristalinamente
el abandono fantástico.

CENIT

Yo no seré yo, muerte,
hasta que tú te unas con mi vida
y me completes así todo;
hasta que mi mitad de luz se cierre
con mi mitad de sombra
—y sea yo equilibrio eterno
en la mente del mundo;
unas veces, mi medio yo, radiante;
otras, mi otro medio yo, en olvido—.
Yo no seré yo, muerte,
hasta que tú, en tu turno, vistas
de huesos pálidos mi alma
Tomado de Belleza, 1917-1923.

EL PRESENTE

¡Cómo me siguen
en fila interminable
todos los yos que he sido!
¡Cómo se abre el ante mí
en infinita fila
para todos los yos que voy a ser!
¡Y qué poco, qué nada soy yo
este yo, de hoy
que casi es de ayer,
que va a ser todo de mañana!

OH, PLENITUD DE ORO

¡0h, plenitud de oro! ¡Encanto verde y lleno
de pájaros! Arroyo de azul, cristal y risa!
¡Oh soledad sonora! Mi corazón sereno
se abre, como un tesoro, al soplo de tu brisa.
Y esta aventura eterna de un amor sin amores,
este desdén de todo, de la dicha y del duelo,
y la realeza clara de este orgullo entre flores,
en ti ¡campo! se hacen tan grandes como el cielo.

OCTUBRE

Estaba echado yo en la tierra, enfrente
el infinito campo de Castilla,
que el otoño envolvía en la amarilla
dulzura de su claro sol poniente.

Lento, el arado, paralelamente
abría el haza oscura, y la sencilla
mano abierta dejaba la semilla
en su entraña partida honradamente

Pensé en arrancarme el corazón y echarlo,
pleno de su sentir alto y profundo,
el ancho surco del terruño tierno,
a ver si con partirlo y con sembrarlo,

la primavera le mostraba al mundo
el árbol puro del amor eterno.

Las mejores poesías de los mejores poetas

1. Hafiz de Shiraz
2. Alfred de Musset
3. Quinto Horacio Flaco
4. William Shakespeare
5. Giosuè Carducci
6. Percy B. Shelley
7. Alphonse de Lamartine
8. William Wordsworth
9. Vicente W. Querol
10. Victor Hugo
11. Gabriela Mistral
12. Dante Alighieri
13. A. Gomes Leal
14. Fray Luis de León
15. Giacomo Leopardi
16. Gabriele D'Annunzio
17. Federico García Lorca
18. Antonio Machado
19. Jorge Manrique
20. Juan Ramón Jiménez
21. Paul Verlaine
22. Miguel Hernández
23. San Juan de la Cruz
24. Rainer Maria Rilke
25. Gustavo Adolfo Bécquer
26. Fernando Pessoa
27. Garcilaso de la Vega
28. Alfonsina Storni